AF298052

LA LETTRE

DV MINISTRE DV

MOVLIN ESCRITTE A

Monsieur de Soubize.

Sur le suiect de sa retraicte dans la ville de la Rochelle.

22

A PARIS

Chez Nicolas Quenet ruë vieille Bou-
clerie au gros tournois.

M. DC. XXII.

Auec Permission.

LETTRE DV MINISTRE

DV MOVLIN ENVOIE

à Monsieur de Soubize.

ONSIEVR,

Si on remarque que ceux qui sont picqués du Scorpion, n'ont point de remede plus prompt, que d'appliquer le mesme Scorpion sur le mal; ie vous puis dire aussi, que la leuee de vos armes contre le seruice du Roy estant la seule cause du scandale que vous apportez auiourd'huy à toute la France, I'estime que ceste playe ne peut bonnemēt estre guerie ny traictee que de la mesme main qui a osé faire vne telle entreprise. C'est ce qui m'induict de vous coniurer de ne vouloir pas encherir, d'auantage sur vostre mauuais droict, ains recoulans humblement à la clemence de sa Maiesté, il est a esperer que vous la trouuerez si fauorable qu'el-

A ij

Ie vous pardonnera l'iniure d'vn si vio-
lent attentat. Aussi est ce (côme ie croy)
le plus salutaire conseil que vous pourroient donner sur ce suiect Messieurs de
la Rochelle, lesquels doiuent recourir
coniointement auec vous à ceste bon-
té royale, ainsi qu'à vn autel de refuge
pour se delcharger de l'indignatió qu'ils
ont (aussi bien que vous) armee sur leur
chef, comme autant de charbons ardãs,
pour vous auoir ainsi recueillis en leur
ville, quand ores il n'y auroit point de ce qu'il y a de
plus sacré dans vne Monarchie. Car de
penser qu'en retenir le temps de nouueaux
ediicts, ny de nouuelles propositions,
ce seroit plustost acroistre l'inflamma-
tion de l'vlcere, que de l'adoucir. Et n'est
pas vray semblable qu'on vous veille
prester l'oreille, ny se rendre propice à
vos demandes, que vous ne vous soyez
au prealable remis en estat d'obeyssan-
ce, ne plus ne moins que Dieu n'exauce
pas volontiers nos prieres, si nous n'a-
uons le cœur haurée d'vn vif ressentimét
des fautes commises. Procedant de ceste façon, Messieurs vous cueillerez le
fruict d'vne si humble recognoissance

de voſtre deuoir, ſans que perſonne des
voſtres profite en particulier de ſon en-
tremiſe & interceſſion en voſtre faueur,
auſſi ce qu'il fait volontairement obli-
ge beaucoup plus, que ce qui eſt forcé &
contrainct. Ne vous ſemble il pas hon-
teux & reprochable à iamais, de vous
ſeparer iuſqu'à ce qu'vne Cour ſouue-
reine fulmine contre vous, & les autres
qui ne tenſtent qu'à voſtre perſuaſion,
& vous declare criminels de leze-Ma-
ieſté, comme elle a fait cy deuant pour
rompre l'Aſſemblee tenue à la Rochelle. Or de vouloir eſblouyr les yeux des
ſimples, & leur repreſenter les choſes
en toute autre face qu'elles ne ſont, ce
ſeroit en les abuſant vous tromper vous
meſme, le Roy a reproché à nos Meſ-
ſieurs par la declaration, que vous ſup-
poſez contre verité, que lors qu'ils ſe
ſeparerent de Loudon il leur permiſt de
ſ'raſſembler quelque mois apres. Pour-
royent ils iuſtement ſe plaindre que ſa
Maieſté ait manqué à eux, & à vous
d'effectuer ce qu'elle auoit promis?
N'a elle pas rendu toute ſorte de con-
tentement ſur le fait de Lectoure l'ayāt

retiree d'vn Gentil homme Catholique
pour la mettre entre les mains d'vn de
noſtre Religion? Ne nous a-elle pas ſa-
tisfaicts, touchant l'eſtabliſſement de
quelques Conſeilliers de voſtre Religion dans le Parlement de Paris? Ne
nous a elle pas accordé par breuet la
continuation des villes de ſeureté pour
certain temps? Ne nous a-elle pas don-
né 45000. eſcus de ſurcroiſt de l'entre-
tenement de nos Conſterés Miniſtres,
outre les ſommes notables deſtinées à
cet effect, & au payement de nos garni-
ſons & des penſions de noſtre nobleſſe?
Et ſi la particuliarité de Bearn vous tient
au cœur, qui eſt l'homme de bien d'entre nous, qui eſtime qu'il fuſt raiſonna-
ble d'vſurper le temporel des Eccleſiaſti-
ques d'vn pays ou les noſtres n'auroient
autre droict, que celuy que le deſordre
& la confuſion d'vne guerre ciuile leur
auroit acquis? En outre ſi le Roy à mis
tel Gouuerneur que bon luy a ſemblé
dans le Nauarrins, eſtoit ce à nous d'en
murmurer, non plus que de tour ce qu'il
luy plaiſt de faire pour ſon contentemēt
puis qu'il neſt pas ſuiet à la cenſure de

fes peuples, comme les Roys de Sparte
l'eftoient à celle des Ephores? Et fi de-
puis on à executé à mort quelques mu-
tins, qui auoient entrepris fur cette pla-
ce, feroit il iufte qu'vn zele inconfideré
de Religion tint lieu d'innocence pour
excufer ce crime, & que foubs tel pre-
texte il n'yeuft acte felerat qui ne fe peut
commettre parmy vous? Cette ville là
eftoit elle comprife au nombre des villes de feureté, non plus que d'autres que
vous voudriez eftre de cette nature,
quoy qu'elles ayent efté prinfes fur la
Ligue, les forces des Catholiques, ioin-
tes & ralliees auec les noftres fous le cô-
mendemeét du feu Roy, qui ne pouuoit
plus eftre reputé chef de noftre party
ayant fuccedé à Henry troifiefme encores qu'il ne nous eut lors quitté de cre-
ance, comme il fift quelque temps a-
pres fon auenement à la Couronne?
On dict (Monfieur) en commun pro-
uerbe, que, qui tout le veut, tout le pert.
Si vous confiderez les aduantages de
l'Edict dont nous iouiffons fous la dou-
ceur de l'Empire d'vn fi bon Roy, vous
les trouuerez fi grands, que le gain de

deux ny de trois batailles ne nous les
pourroit auoir acquis plus fauorables.
Si l'on considere encores, comme nous
ne sont pas traictés en estrangers ny en
esclaues, ains en enfans de mesme famil-
le, n'y ayant ny charges, ny honneurs,
ny biensfaits dont la iouïssance ne nous
soit cõmune auec tous les autres suiects
du Roy, l'on trouuera, disie, qu'il y auroit plus d'apparence de deteriorer nostre condition en la voulant changer,
qu'en la conseruant en l'heureux estat,
qu'elle est à present ou du moins pourroit estre nous mettans dans l'obeyssan-
ce que nous deuons au Roy.   Au nom
de Dieu (Messieurs) que l'esprit d'vnion,
d'amour & de concorde auec vos com-
patriotes preside au milieu de vous. Que
vos Assemblees ne soient pas comme
vn trofac dressé cõtre l'authorité de nostre Souuerain. Recognoissons que ce
n'est pas aux membres à regir le chef,
ains que c'est le chef qui influe & la vie
& le mouuement à toutes les parties du
corps. Puisque que nous sommes nez
François, nous ne deuons nous ranger

à nul autre ordre qu'à celuy de l'Eſtat,
ny ne ietter nos yeux ſur autre pole que
ſur la Royauté. Ie croy qu'il n'y a Gentil homme aymant ſon Dieu & ſon Roy
qui ne conſpire en vne ſi ſaincte reſolu-
tion, qu'il n'aymaſt mieux mourir, que
de voir vne autre tour de Babel s'eſleuer
parmy vous, c'eſt à dire de voir la Rochelle deuenir plus long temps, vne ſe-
conde Holande dans la France: Deſo-
lation, qui, Dieu aydant, n'arriuera pas
en nos iours. Car ſi vn Henry le Grand
à reconquis ſon Eſtat l'eſpée à la main, il
ne faut pas douter que le Roy digne fils
d'vn tel Pere, ne le ſçache maintenir en
ſa ſplendeur par la generoſité d'vn cou-
rage ſi martial, & ſi belliqueux, qu'il ſe
rendra tellement redoutable, que comme vn Ceſar ne pouuoit ſouffrir de
Maiſtre, ny vn Pompee de compagnon,
de meſme il regnera puiſſant & abſolu,
nul pour audacieux qu'il ſoit, n'oſant
entreprendre plus qu'il ne doit, & contre ſon ſeruice, qu'à la confuſion & ſans
en receuoir le chaſtiment merité. De
ſorte que ce ſeront autant de chimeres

B

que de ietter la moindre esperance sur
les diuisions de la Cour, tous les grands
estant tellement soubmis, & vnis de vo-
lonté à bien faire qu'il ny à nul d'eux
qui vueille, ny qui puisse prester la
main en cette rebellion. Vous voyez
d'ailleurs ces deux grands Monarques
de la Chrestienté si estroitement confe-
derez par leurs alliances, qu'il n'y à point
d'apparence de se preualoir de leur dis-
corde à l'aduenir, comme nous auons
bousiours faict par le passé, la meilleure
partie de l'establissement de nostre Religion estant deue à l'ancienne querelle
de ces deux maisons. Vous voyez mes-
mement que si quelque nuage s'esleue
pour brouiller leur concorde, que les
plus sages de part & d'autre sçauent sou-
dain apporter vn tel temperament aux
choses que nous n'auons plus à nous es-
iouyr de les reuoir en mauuaise intelli-
gence, tant l'interest commun les tient
obligez de l'entretenir, & de s'opposer à
tout ce qu'ils estiment estre ennemy, &
de leur Religion, & de l'Estat monarchi-
que. Bref (Monsieur) puisque les plus

courtes folies sont les meilleures, ie
vous coniure de rentrer en vous mef-
mes, & d'aprehender les imprecations
& les maledictions publiques, dôt vous
serez chargé à iamais si vous perseue-
rez plus en voltre rebellion & si vous
estes plus cause du trouble de voltre pa-
trie, & des calamitez d'vne si longue
guerre dont vous porterez long temps
les marques sur le dos. Car de vous glo-
rifier de vos forces, ce seroit trop de va-
nité, parce que pour vn peu de mal que
vous pourrez faire en vous deffendant
si on vous attaque, le plus rude de l'ora-
ge tombera sur voltre reste. La foudre
est encores comme dans la nve, elle n'es-
clatte point pour vous donner le loisir
de songer à vous & d'expier voltre fau-
te. C'est vne perilleuse entreprise au seruiteur de s'attaquer à son Maistre. Nul
ne le fait qu'il ne s'y perde, comme
dans vn abisme ouuert. Ne doutez pas
(Monsieur) que si les Poëtes feignent
qu'vn Iupiter iettoit des boucliers du
Ciel pour couurir & deffendre des Roial

en la guerre de Troye, que Dieu, ce
grand Dieu protecteur des sceptres
& des Couronnes, n'assiste plus ve-
ritablement d'vne benediction parti-
culiere la sacree personne du Roy &
les armes iustes qu'il aura en main pour
chastier ses suiets rebelles. Ne doutez
point que vous ne soyez abandonnez
de la pluspart des vostres, pour zelez
qu'ils soient à la Religion, puisqu'il ne
s'agist pas maintenant de la liberté des
consciences, mais qu'il n'est question que
de refrener ceux d'entre nous qui se
portent à toute desobeyssance contre
nostre Souuerain. Le Roy en fin sçaura
si bié discerner les bons d'auec les mauuais, qu'il ne confondra pas les inno-
cens auec les coulpables, sur l'asseurã-
ce qu'il a du nombre des gens de bien
qui croyent comme vous, mais qui vi-
uent en l'amour de son seruice tout au-
trement que vous. Ne vous arrestez
point aux flatteurs en façon quelconque
qui sont cause de vostre opiniastreté &
le pourroient estre de tout le malheur

qui menace nos testes, ie vous en ad-
uertis comme estant celuy qui sera toute sa vie.

MONSIEVR,

*Vostre tres-affectionné
seruiteur DV MOVLIN.*

A Sedan le 10. iour
de Iuin, 1622.

PERMISSION.

IL est permis à Nicolas Quenet, d'imprimer vn peit discours intitulé la lettre du Ministre du Moulin escrite à Monsieur de Soubize, & deffences à tous Libraires & autres de l'imprimer sur peine de confiscations les exemplaires, & peine portee par l'original de ladite Permission donnée à Paris le 23. Iuil 1622.

www.ingramcontent.com/pod-product-compliance
Ingram Content Group UK Ltd.
Pitfield, Milton Keynes, MK11 3LW, UK
UKHW022255070726
13613UKWH00005B/2303